HOUSE OF HOLLAND

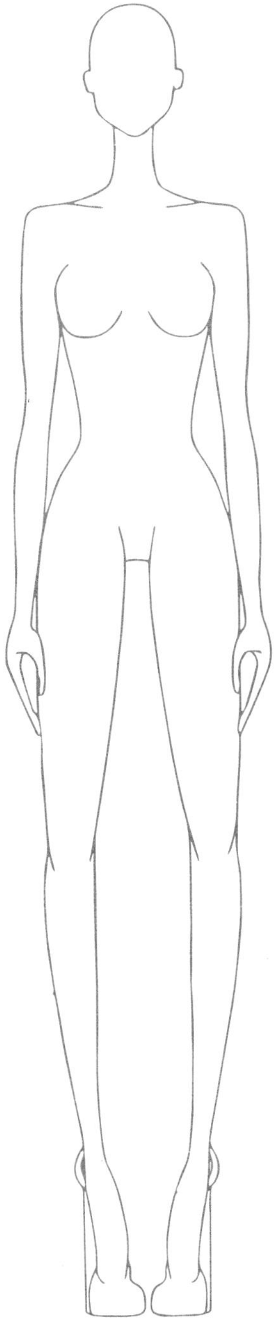

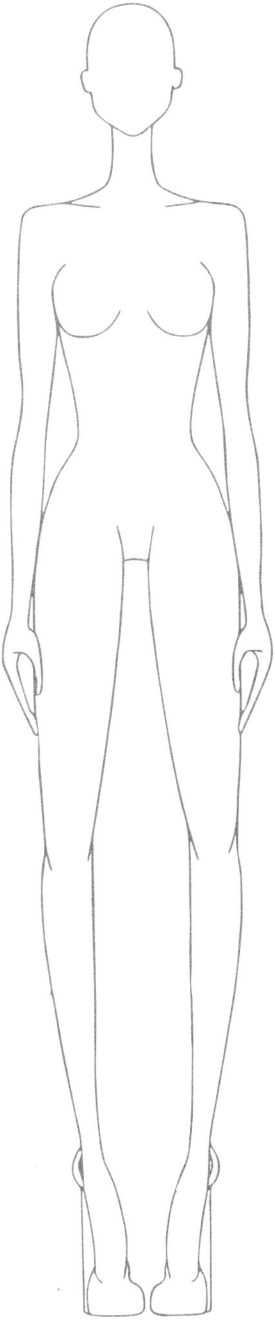

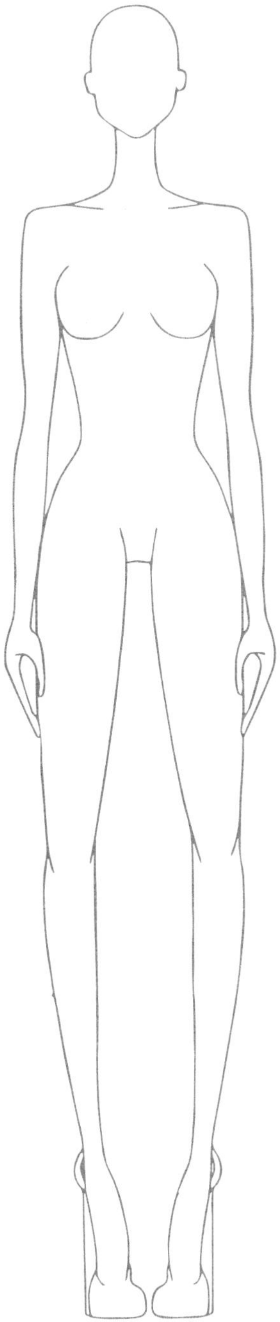

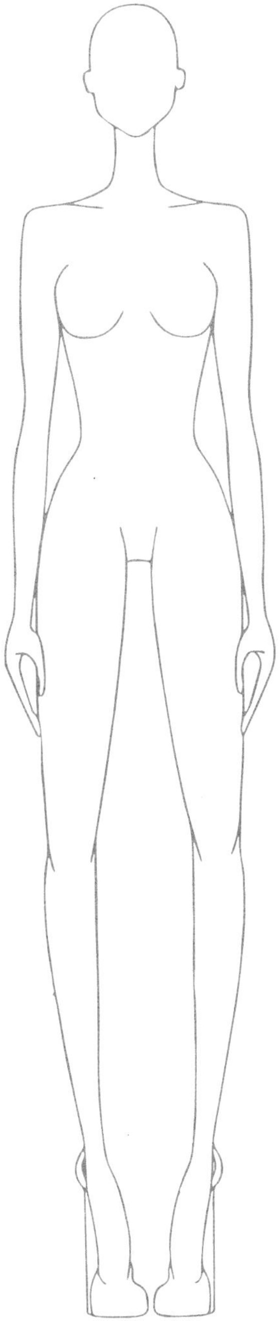

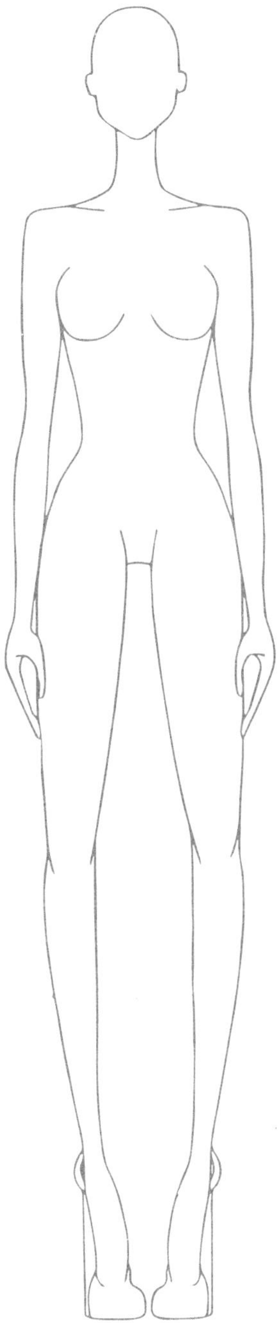